ANALIZA KSIĄŻKI

Sekret

· · · · · · · · · · · · ·

Philippe Grimbert

ANALIZA KSIĄŻKI

Napisany przez Pierre Weber
Przetłumaczony przez Kâmil Kowalski

Sekret

· ·

PHILIPPE GRIMBERT

PHILIPPE GRIMBERT

FRANCUSKI PISARZ I PSYCHOANALITYK

- **Urodzony w 1948 roku w Paryżu**
- **Niektóre z jego prac:**
  - *No Smoking Without Freud: Psychoanalysis of the Smoker* (1999), esej
  - *Mała sukienka Paula* (2001), powieść
  - *Sekret* (2004), powieść

Urodzony w Paryżu w 1948 roku Philippe Grimbert jest współczesnym pisarzem i psychoanalitykiem. Dziś pracuje we własnym gabinecie w Paryżu, a także w instytucjach specjalizujących się w autyzmie i psychozach młodzieńczych.

Wydał cztery powieści: pierwsza, *La Petite robe de Paul* (2001), przyniosła mu sławę; druga, *Sekret* (2004), odniosła ogromny sukces; trzecia, *La Mauvaise Rencontre, ukazała* się w 2009 roku; a ostatnia, *Un Garçon singulier,* w 2011 roku. Jest miłośnikiem muzyki, opublikował też kilka esejów, w tym *Psychoanalizę piosenki* (1996).

SEKRET

PRACA Z POGRANICZA AUTOBIOGRAFII, FIKCJI I NARRACJI TERAPEUTYCZNEJ

- **Gatunek:** powieść autobiograficzna
- **Wydanie referencyjne:** *Sekret*, Paris, Librairie générale française, 2006, 192 s.
- **Pierwsze wydanie:** 2004 r.
- **Tematy:** Druga wojna światowa, Shoah, rodzina, sekret, tożsamość

W maju 2004 roku Philippe Grimbert wydał *Sekret*, powieść autobiograficzną, za którą otrzymał Prix Goncourt des lycéens w 2004 roku oraz Prix des lectrices de *Elle* w 2005 roku. W 2007 roku Claude Miller wyreżyserował filmową adaptację powieści z Cécile de France, Patrickiem Bruel, Ludivine Sagnier i Julie Depardieu.

Narratorem jest schorowany młody chłopak urodzony po II wojnie światowej, jedyny syn Tani i Maxime'a, rodziców o silnych osobowościach. Historia jego rodziny go dręczy, a on sam jest przygnieciony ciężką tajemnicą, o której nic nie wie, aż do dnia, w którym wreszcie doznaje objawienia. Ta zmiana perspektywy odmieni jego los.

STRESZCZENIE

PRZESZŁOŚĆ ODKRYTA NA NOWO

Syn dwóch wielkich sportowców, którzy prowadzą sklep sportowy, narrator, młody chłopak, przywołuje brata, którego zawsze pragnął i budował w swojej wyobraźni, swojego sobowtóra i swoje przeciwieństwo, istotę tak samo pewną siebie i energiczną, jak on sam jest karłowaty i wychudzony.

Aby wypełnić milczenie rodziców na temat historii rodziny, wymyśla ją na nowo, tak jak mu się podoba, wyobrażając sobie swojego ojca, Maxime'a, jako pewnego siebie młodego uwodziciela, i swoją matkę, Tanię, jako ładną młodą kobietę, która modeluje dla projektantów mody, ich spotkanie na stadionie sportowym, ich historię miłosną. Jego zdaniem rodzice zakochali się w sobie, zamieszkali razem i postanowili otworzyć sklep sportowy. Gdy nadeszła wojna, uważa, że para powierzyła sklep Louise i wyjechała z Paryża do Saint-Gaultier, małej wioski w regionie Indre, gdzie spędzała szczęśliwe, beztroskie dni, z dala od hałasu i zgiełku. Gdy wrócili do stolicy, życie wzięło górę i wobec nalegań Tani, by mieć dziecko, Maxime uległ: urodził się mały chłopiec, chorowity, ku zaskoczeniu solidnych rodziców. To historia rodziny, jaką młody chłopak zawsze sobie wyobrażał.

Czas mija i narrator wchodzi do szkoły. Jest uczony i pilny, zakochany w książkach tak samo jak nieporadny w sporcie. Młody chłopak opowiada o członkach swojej rodziny, którzy regularnie go odwiedzają. Ale jego ulubienicą jest ich sąsiadka,

Mlle Louise, jego wspólniczka i powierniczka: pani po sześć-dziesiątce, mająca szpotawą stopę i zmagająca się z uzależ-nieniami od alkoholu i papierosów. Kiedy odkrywa w magazynie małego wypchanego psa, którego natychmiast chce adoptować, jego rodzice zamarzają: początkowo zabra-niają mu, ale w końcu się poddają, a chłopiec nazywa psa Sim. Wymyślony przez niego brat, z którym toczy wyimagino-wane spory, jest zawsze obecny w jego myślach.

HISTORIA RODZINY

Dopiero w wieku piętnastu lat bohater stopniowo odkrywa, co naprawdę wydarzyło się w czasie II wojny światowej: pew-nego dnia, gdy w szkole wyświetlany jest dokument o Zagładzie, chłopiec robi antysemickie żarty: biją się. Kiedy nastolatek opowiada Louise o tym epizodzie, ta postanawia przerwać milczenie i powiedzieć mu prawdę: Louise jest Żydówką, podobnie jak jej rodzice. Zanim się pobrali, jej rodzice byli bratem i szwagierką. Jej ojciec miał syna, Simona, prawdziwego przyrodniego brata, który tak dobrze odpo-wiada wyimaginowanemu bratu, jakiego wymyślił sobie bohater.

Dzięki rewelacjom Louise młody chłopak rekonstruuje histo-rię swojej rodziny: Maxime, jego ojciec, pojął za pierwszą żonę Hannę, którą kochał miłością bardziej pogodną, doj-rzałą niż zgromadzone do tej pory jednodniówki. Na weselu poznaje swoją szwagierkę, Tanię. Gdy ją widzi, czuje winne pragnienie. Ale na szczęście po ceremonii Tania wraca do Lyonu, gdzie mieszka i pracuje: odległość pomaga, pra-gnienie zanika. Po swojej stronie Maxime i Hannah mają dziecko, które sprawia im radość: Simona, wysportowanego i uśmiechniętego chłopczyka. Jeśli chodzi o Tanię, to nie jest ona w stanie zajść w ciążę.

Rozpoczyna się wojna, a po kapitulacji Francja ustanawia reżim Vichy, który realizuje politykę kolaboracji z wrogiem: dla Żydów nastały ciężkie czasy. Mąż Tani wyjeżdża na front, a ona znajduje schronienie u rodziny w Paryżu. Podczas pokazu nurkowania młoda kobieta urzeka całą swoją rodzinę i olśniewa Maxime'a, którego pożądanie odradza się, bardziej żywe niż kiedykolwiek. Ale Hannah, która zdaje sobie sprawę, co się między nimi dzieje, pociesza się, obsypując syna czułościami: zamiast walczyć, chciałaby zniknąć.

Gdy rozpoczyna się polowanie na Żydów, Maxime przekonuje swoją rodzinę do opuszczenia okupowanej Francji i schronienia się w Saint-Gaultier. Decydują się na dotarcie do celu w dwóch falach: najpierw mężczyźni, potem kobiety i dzieci. Maxime prowadzi i bezpiecznie dociera do celu. Tania natomiast wyjeżdża do Lyonu, gdzie musi załatwić pewne sprawy przed dołączeniem do reszty grupy.

Wyjazd jest jednak opóźniony. Kiedy Hannah dowiaduje się, że Tania dołączyła już do Maxime'a w Saint-Gaultier, ta wiadomość ją mrozi: jest rzeczywiście przerażona zbliżaniem się do siebie tych dwóch istot nieodparcie przyciągających się do siebie. W dniu wyjazdu młoda kobieta waha się: nie chce wyjechać, pozwala, by inni ciągnęli ją za sobą jak martwy ciężar. Tuż przed przekroczeniem linii demarkacyjnej, podczas rutynowej kontroli przez niemieckie wojsko, dzieje się coś niewyobrażalnego: spontanicznie denuncjuje siebie i syna. Obaj zostają zabrani, a reszta grupy z ciężkim sercem dołącza do Saint-Gaultiera.

Zdruzgotany tą wiadomością Maxime przechodzi przez bolesny okres żałoby, ale stopniowo odzyskuje siły i ulega swojemu pragnieniu: on i Tania zostają kochankami. Po zakończeniu wojny wszyscy wracają do Paryża, a Tania i Maxime rozstają się. Kiedy jednak dowiadują się o śmierci Hanny, męża Szymona i Tani, w końcu decydują się na wspólne życie. Z ich związku rodzi się narrator.

To objawienie odmienia nastolatka, ale kiedy oblewa egzamin ustny na pytanie o reżim Vichy, uświadamia sobie, że wciąż istnieją szare strefy. Od tej pory bada i znajduje ostatni element układanki: Hannah i Simon zginęli w Auschwitz, gdzie zostali zagazowani dzień po przyjeździe.

Narrator ostatecznie kończy liceum i zaczyna studiować psychoanalizę. Śmierć Echo, rodzinnego psa, jest dla niego okazją do wyjawienia ojcu wszystkiego, co wie: ta prawda, wreszcie wypowiedziana, uwalnia rodzinę od jej własnej tajemnicy i pozwala jej odnaleźć spokój.

Po błądzeniu po alejkach psiego cmentarza postanowił napisać tę książkę, dać Hannie i Simonowi pochówek i na dobre pogodzić się z samym sobą.

ANALIZA POSTACI

NARRATOR

Możemy oczywiście domyślać się, że za narratorem tej opowieści o silnym wydźwięku autobiograficznym stoi sam Philippe Grimbert.

Choć narrator opowiada swoją historię jako dorosły, to jednak w głównej mierze dotyczy ona dziecka, którym był. Urodził się po II wojnie światowej, nikt nie mówił mu o Szoah (ludobójstwie Żydów), ale całkowicie zinternalizował traumę, której doświadczyli jego rodzice i jego rodzina:

- Całe Jego ciało wyraża cierpienie Jego ludu. Jest chudy, blady i słaby, jakby miał jakąś chorobę lub był niedożywiony. W rzeczywistości przypomina więźniów obozów koncentracyjnych, których nigdy nie widział;

- Pod względem psychologicznym jego kłopoty odzwierciedlają dramat, który rozegrał się przed jego narodzinami. Jego wyimaginowany brat, obsesyjna i czasami niepokojąca obecność, z którym łączy go relacja złożona zarówno ze współudziału, jak i z rywalizacji, wykazuje dziwne podobieństwo do przyrodniego brata, którego nigdy nie znał.

Narrator nie potrafi znaleźć wyjścia z tych problemów, podobnie jak jego rodzina nie może pogodzić się z tragicznymi wydarzeniami, które miały miejsce.

Oprócz tego, że jest cierpiącym dzieckiem, narrator poszukuje sensu i przeszłości. Milczenie rodziców pozostawiło pustkę, która nie pozwala mu wiedzieć, gdzie jest jego miejsce i jaka jest jego historia. Dlatego trudno mu skonstruować swoją tożsamość. W tym celu próbuje zrekonstruować historię swojej rodziny, mając nadzieję na znalezienie odpowiedzi na nurtujące go pytania. To dzięki zwierzeniom Louise narrator jest w stanie prześledzić prawdziwą historię swojej rodziny. I choć jest to bolesne, pozwala mu znaleźć precyzyjne odpowiedzi na jego pytania. Po ujawnieniu prawdy może wreszcie uleczyć swoje kłopoty: jego problemy z tożsamością, cierpienia fizyczne i psychiczne znikają wkrótce potem.

MAXIME

Maxime jest ojcem narratora. Jest wysportowany i atrakcyjny, zdaje sobie sprawę z tego, jaki wpływ może mieć na kobiety, gdyż w młodości spędził czas na wykorzystywaniu tego. Jego spotkanie z Hannah przychodzi w czasie, gdy szuka większej stabilizacji i właśnie to może mu dać ta delikatna i kochająca kobieta.

Ich związek nie odpowiada jednak Maxime'owi. Jako mężczyzna silnie skoncentrowany na zmysłach fizycznych potrzebuje kogoś, kto potrafi odpowiedzieć na wezwanie jego ciała, a w przypadku Hanny tak nie jest. Uświadamia to sobie, gdy widzi swoją szwagierkę Tanię w dniu jej ślubu. Porażka tego ostatniego wydaje się niemal nieunikniona, nawet jeśli przez całe życie będzie czuł się winny, że nie potrafił się opanować.

W związku z tym aktywność sportowa odgrywa w jego życiu podstawową rolę. Poprzez nią stara się nie tylko ćwiczyć siebie, ale także zachować kontrolę nad swoim życiem. To właśnie w sporcie znajduje schronienie, gdy czuje, że sprawy wymykają się spod kontroli lub próbuje poskromić swoje emocje:

• kiedy pokazywany jest dokument o Shoah: "Pewnej nocy w telewizji pokazano film o [okresie] [wojny] i mój ojciec wycofał się do swojej sali gimnastycznej, nie mogąc znieść tego widoku. Zgrzyt jego ciężarów, syk oddechu, przykrył rozkazy wyszczekiwane w języku, którego już nie słyszał" (s. 64-65);

• po pogrzebie ojca: "Zaraz po przyjeździe do domu ojciec wziął Echo na ręce i wyszedł na balkon, by długo stać i patrzeć na ulicę, potem jak zwykle zamknął się w sali gimnastycznej. (p. 165)

Wreszcie, kwestia tożsamości, a w szczególności przynależności do społeczności żydowskiej, z której pochodzi, jest dla Maksyma szczególnie ważna. Od młodości nie przywiązywał większej wagi do obrzędów żydowskich (nie przestrzegał szabatu, przyjął ślub religijny tylko po to, by zadowolić krewnych). Sprawa zaostrza się jednak, gdy dotyczy spisu Żydów, noszenia żółtej gwiazdy, wreszcie zmiany pisowni nazwiska (Grinberg staje się Grimbertem, by brzmiało bardziej francusko): bohaterowi wytyka się, że wypiera się swojego pochodzenia, że się go wstydzi.

Problem jest jednak złożony i trudno potępić zachowanie Maxime'a, nawet jeśli jest ono tym bardziej wątpliwe, że widzimy w nim pewien pociąg do faszyzmu, który tak dobrze pasuje do jego upodobania do aktywności fizycznej, porządku i dyscypliny (długo odmawia uznania, że niemiecka okupacja może stanowić zagrożenie).

TANIA I HANNAH

Dwie siostry, które staną się z kolei towarzyszkami Maxime'a, tworzą bardzo komplementarną parę, w której jedna posiada to, czego brakuje drugiej i odwrotnie:

- Hannah to kobieta rozmarzona, czuła i delikatna. Fizycznie jej okrągłe rysy odzwierciedlają jej temperament. Jest całkowicie zwrócona ku innym, na ich usługach do tego stopnia, że gotowa jest poświęcić się dla nich (tak właśnie zrobi, by Tania i Maxime mogli żyć razem). Jest postacią matki par excellence;

- Tania jest dynamiczną i atrakcyjną kobietą. Znudzona rutyną pierwszego małżeństwa znajduje w Maxime silną namiętność, której potrzebuje, by rozkwitnąć. To taka femme fatale, cała uwodzicielska, ale niemal niezdolna do zostania matką (przez długi czas nie udaje jej się zajść w ciążę, a poród pierwszego i jedynego dziecka jest bolesny).

LOUISE

Louise, kobieta w średnim wieku o nieatrakcyjnym wyglądzie (ma stopę klubową, a jej twarz jest naznaczona przez alkohol i tytoń), pracuje w gabinecie lekarskim tuż obok sklepu rodziców narratora. Pełni rolę lekarza dla całej rodziny, zarówno dla ciał (udziela narratorowi niezbędnej pomocy medycznej, masuje Tanię i Maxime'a po ich sportowych wysiłkach), jak i dla dusz (jest uprzywilejowaną powiernicą narratora i to dzięki jej słowom zostanie uzdrowiony). Jest osobą niezwykle otwartą i tolerancyjną, zawsze słuchającą ludzi.

KLUCZOWE ZAGADNIENIA

POWIEŚĆ, ŚWIADECTWO CZY RELACJA AUTOBIOGRAFICZNA?

Status książki budzi wątpliwości: choć autobiograficzny wymiar tekstu jest oczywisty, to tak naprawdę nie można go nazwać autobiografią czy świadectwem. W rzeczywistości występują tu elementy zarówno gatunku autobiograficznego, jak i powieściowego.

Autobiografia

Historia rozgrywa się w niedawnym momencie współczesnej historii i odnosi się do całej serii wydarzeń, które faktycznie miały miejsce. Podobnie wszystkie miejsca wymienione w książce istnieją.

Ponadto bohaterowie książki to prawdziwi ludzie. W szczególności narrator stanowi jedność z autorem, a obecność elementów weryfikowalnych, takich jak anegdota o zmianie pisowni nazwiska Grimbert czy fakt, że autor został psychoanalitykiem, nadaje opowieści autentyczności.

Epilog zakotwicza tekst w rzeczywistości, bo pokazuje, że nawet po zakończeniu historii życie toczy się dalej. Jest to urządzenie często wykorzystywane w opowieściach o prawdziwych wydarzeniach, zarówno w literaturze, jak i w filmie.

Romans

Narrator przypisuje myśli, uczucia i stany umysłu wszystkim bohaterom, nawet gdy relacjonuje wydarzenia, które miały miejsce przed jego urodzeniem. Jest jednak oczywiste, że nie ma on możliwości wniknięcia w ich wnętrze: może jedynie wyobrażać sobie, przypuszczać, domyślać się. Praca zawiera zatem dużą ilość literatury pięknej.

W ten sposób, daleki od bycia ciągiem surowych elementów, historia jest przedstawiona przez narratora, który ją kontroluje i bardzo dobrze organizuje. Można przytoczyć dwa przykłady typowo powieściowych zabiegów pisarskich:

• Od początku ukrywa wynik, ale zwiększa liczbę zapowiedzi i insynuacji, czy to o istnieniu brata, czy o swoim nazwisku, czy o wyniku swojej historii ("Żeby usłyszeć, jak opowiadają, zawsze miałem to lokalne nazwisko", s. 15);

• Niektóre osoby, jak na przykład dwie siostry Tania i Hannah, tworzą tak uzupełniającą się parę, że trudno nie uznać tego za fikcyjny układ postaci.

Tekstu nie należy więc traktować jako zwykłego świadectwa, ale raczej jako wiarygodną narrację skonstruowaną z rzeczywistości (do której niekoniecznie idealnie pasuje). Adekwatną kwalifikacją może być to, że jest to powieść autobiograficzna.

OPOWIEŚĆ TERAPEUTYCZNA

Jak wskazuje tytuł, zasadniczym tematem powieści jest kwestia rodzinnej tajemnicy, przeżywanej w bólu zarówno przez narratora, jak i jego rodziców. Aby to przezwyciężyć, narrator leczy się słowami, zgłębiając rodzinną przeszłość: postępuje przy tym dokładnie według metody proponowanej przez psychoanalizę, co nie dziwi, gdyż jest to zawód autora. Dla tej dyscypliny ujawnienie zakopanej prawdy, stłumionej w osobistej lub zbiorowej nieświadomości, jest uważane za niezbędne do uzdrowienia swoich kłopotów: słowo to ma zatem terapeutyczną cnotę.

Psychoanalityczną orientację autora widać również w jego podejściu do kwestii seksualności dziecka. Nie rozwodząc się nad tym zbytnio, wyraźnie przywołuje impulsy dziecka, a potem nastolatka: ten młody chłopak zrodzony z cudzołożnej i niemal kazirodczej miłości (ojca i bratowej!), owoc przekroczenia zakazu, żywi winne, zakazane, wręcz dewiacyjne pragnienia. I tak, gdy zobaczył swój pierwszy dokument o Zagładzie: "Pierwszą nagość zobaczyłem na ekranie, blade plamy, które wyróżniały się na szarym tle baraków. Wiedząc aż za dobrze, co zrobię z nimi, gdy zostanę sam w swoim pokoju, zalegałem na tych już sprofanowanych ciałach." (p. 65)

👁 WARTO WIEDZIEĆ: SEKRET RODZINNY

Gdy trauma (śmierć, klęska żywiołowa, atak lub wojna) nie może być zaakceptowana, oswojona przez rodzinę, pozostaje w niej jako utajony problem, który może objawiać się w różny sposób, psychicznie lub fizycznie. Nawet gdy cisza wokół traumy jest całkowita, wszyscy członkowie rodziny, także ci, którzy jej nie doświadczyli i nie słyszeli o niej bezpośrednio, mniej lub bardziej świadomie, mniej lub bardziej wyraźnie wiedzą, o co chodzi. Tajemnice mogą więc być przekazywane z pokolenia na pokolenie, w sposób cichy, wraz z towarzyszącym im cierpieniem.

TOŻSAMOŚĆ ŻYDOWSKA POD ZNAKIEM ZAPYTANIA

Postawa Maxime'a w czasie okupacji rodzi pytanie o tożsamość i przynależność do społeczności żydowskiej. Od młodości wykazywał niewielkie przywiązanie do swojej wiary. To odtrącenie potwierdziło się, gdy w czasie wojny odmówił zgłoszenia się do administracji podczas spisu Żydów w 1940 r., potem, gdy odmówił rozważenia noszenia żółtej gwiazdy w 1942 r. Później posunął się do zmiany nazwiska, aby wydawało się bardziej francuskie.

Taka postawa jest wytykana przez resztę społeczności żydowskiej, która widzi w niej odrzucenie, a nawet zdradę. Dla nich przyjęcie tożsamości jest zasadą, której nie można kwestionować. Na przykład odmowa noszenia żółtej gwiazdy była równoznaczna z odmową bycia Żydem: była więc po prostu nie do pomyślenia. Być może jest to jeden z powodów, dla których Żydzi byli tak kolaboratywni w czasie okupacji, zwłaszcza podczas spisu ludności przeprowadzonego przez nazistów w 1940 roku.

Jeśli chodzi o Maxime'a, można się zastanawiać, czy nie odrzuca on zbyt radykalnie swojego pochodzenia. Ale kiedy wiemy, jak bardzo kolaboracyjna postawa Żydów faktycznie służyła sprawie nazistowskiej (to właśnie na podstawie spisów z 1940 roku zaaranżowano polowanie w 1942 roku), niekoniecznie możemy udowodnić, że się mylą. Wielu mogłoby zostać uratowanych, gdyby postępowali w ten sam sposób. Za tym pytaniem kryje się więc prawdziwy problem sumienia, na który bardzo trudno, nawet dzisiaj, znaleźć rozwiązanie.

MATERIAŁ DO PRZEMYŚLEŃ

KILKA PYTAŃ POGŁĘBIAJĄCYCH JEGO REFLEKSJĘ?

- Jak można powiedzieć, że w powieści odczuwalny jest wpływ psychoanalizy?

- Czy Waszym zdaniem *Sekretowi* bliżej jest do fikcji czy rzeczywistości? Uzasadnij to.

- W powieści mowa ma działanie terapeutyczne, a wiele problemów rozwiązuje się po zniesieniu ciszy. Czy uważasz, że tak jest zawsze? Czy uważasz, że wszystkie prawdy są dobre do opowiedzenia? Omówienie.

- Słabość, ucisk, milczenie i niewypowiedziane słowa to niektóre z uczuć charakteryzujących dzieciństwo narratora. Jak te uczucia można było przekazać w filmie?

- Czy uważasz, że Maxime niesłusznie nie nosił żółtej gwiazdy? Wyjaśnij.

- Co sądzimy o poświęceniu Hanny? Czy jest to uzasadnione, zrozumiałe, nienormalne? Dlaczego tak jest?

- *Sekret to* jednocześnie relacja i powieść. Czy uważasz, że przerabianie wspomnień czy doświadczeń w sposób literacki dodaje coś do opowieści, czy jest negatywne? Omówienie.

- Czy Tania i Maxime powinni zostać potępieni za swój związek? Wyjaśnij.

ABY PRZEJŚĆ DALEJ

WYDANIE REFERENCYJNE

GRIMBERT P., *Un secret,* Paris, Librairie générale française, 2006.

ADAPTACJA

Un secret, film Claude'a Millera, z Patrickiem Bruel, Cécile de France, Ludivine Sagnier, 2007.

Chcemy usłyszeć od Ciebie, co się dzieje!
Zostaw komentarz na temat swojej internetowej biblioteki
i podziel się swoimi ulubionymi książkami w mediach społecznościowych!

Dlaczego warto wybrać Must Read?

Dowiedz się wszystkiego, co musisz
wiedzieć o książce dzięki naszym zwięzłym i
dogłębnym streszczeniom i analizom!

**Odkryj to, co najlepsze w literaturze
w zupełnie nowym świetle!**

www.50minutes.com

Master ISBN: 9782808693394
Papierowy ISBN: 9782808614795
Depozyt prawny: D/2023/12603/1759

Verhaal: © Primento

Projekt cyfrowy: Primento, cyfrowy partner wydawców.